Contraste insuffisant
NF Z 43-120-14

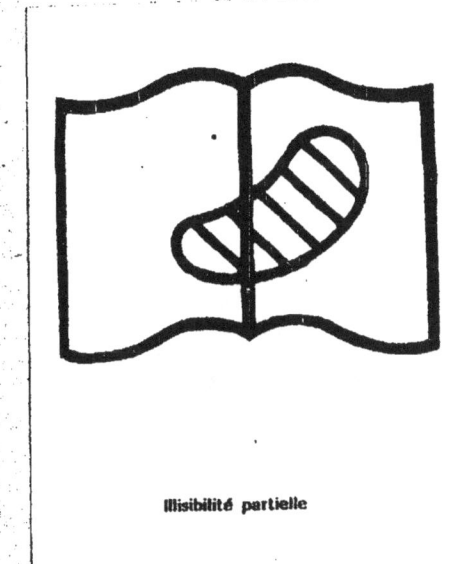

Illisibilité partielle

Valable pour tout ou partie
du document reproduit

Début d'une série de documents en couleur

Couverture inférieure manquante

ANNALES
DE LA
FACULTÉ DES LETTRES
DE CAEN

5ᵉ Année. — N° 1

A. GASTÉ. — Les insurrections populaires en Basse-Normandie au XVIᵉ siècle, pendant l'occupation anglaise, et la question d'Olivier Basselin.

G. LYON. — Discours de Thucydide.

E. LEGOUEZ. — Les Commentateurs et la Tharsalie.

Documents :

A. GASTÉ. — Lettres de P. Huet à P.-D. Huet, et de P.-D. Huet et P. Huet.

PARIS	CAEN
ERNEST LEROUX	HENRI DELESQUES
ÉDITEUR	IMPRIMEUR-LIBRAIRE
Rue Bonaparte, 28	Rue Froide, 2 et 4

1889

TABLE

                                                                                   Pages.

Les Insurrections populaires en Basse-Normandie au XVe siècle, pendant l'occupation anglaise, et la question d'Olivier Basselin, par M. A. Gasté. . . . .   1 — 35

Discours de Thucydide, par M. J. Denis. . . . . .   36 — 62

Les Commentaires et la Pharsale, par M. L. Lehanneur.   63 — 85

Documents :

    Lettres du P. Martin à P.-D. Huet, et de P.-D. Huet au P. Martin, par M. A. Gasté. . . . . .   86 — 88

Fin d'une série de documents
en couleur

LES INSURRECTIONS POPULAIRES

EN BASSE-NORMANDIE

AU XV° SIÈCLE, PENDANT L'OCCUPATION ANGLAISE

ET LA

QUESTION D'OLIVIER BASSELIN

~~~~~

INTRODUCTION.

Au Congrès des Sociétés savantes, tenu à Paris, au mois de mai 1888, M. Édouard Le Héricher, président de la Société d'Archéologie d'Avranches, prenant à partie MM. Siméon Luce, Eugène de Beaurepaire et moi, a soutenu, dans un Mémoire qu'il a fait imprimer depuis (1) :

1° Contre MM. Siméon Luce, Eugène de Beaurepaire et Armand Gasté, non-seulement qu'il n'y a pas eu d'insurrections populaires en Basse-Normandie pendant l'occupation anglaise, mais encore qu'aucune insurrection n'était possible (2).

---

(1) *Une prétendue insurrection populaire en Basse-Normandie* (XV° siècle). Avranches, Henri Gibert, 1888. — Extrait des *Mémoires* de la Société d'Archéologie d'Avranches, 1888. — Nos citations seront empruntées à la brochure.

(2) *Ibid.*, p. 2. « Le Germain et le Saxon ont la main dure au vaincu : ils règnent et conservent par la terreur, et, il est juste de le dire, par l'esprit d'ordre et d'organisation qui est dans leur commune race. » — Nous essaierons, nous, de montrer à quoi ont abouti, au XV° siècle, la *terreur* et l'*organisation* anglaise sur notre vieille terre normande.

2° Que M. Eugène de Beaurepaire, et surtout M. Armand Gasté, avaient eu le tort de voir dans le chansonnier virois Olivier Basselin autre chose qu'un poète *ivrogne*.

On a voulu, dit M. Le Héricher, faire d'Olivier Basselin une sorte de « Tyrtée populaire du Bocage virois » (1) ; on a prétendu qu'il avait été *tué* par les Anglais : c'est là une grave erreur ! *Tué*, dit M. Le Héricher, non pas, mais *fouetté publiquement* (2) par les Anglais, « car c'était là le châtiment légal des ivrognes, d'après les mœurs et les lois » (3).

Donc, d'après M. le Président de la Société archéologique d'Avranches, il n'y a pas eu d'insurrections populaires en Normandie pendant l'occupation anglaise ; et Olivier Basselin, « ce poète ivrogne », n'a jamais songé à enflammer par des chansons patriotiques le courage de ses amis « les Compagnons du Vau-de-Vire. »

M. Siméon Luce et M. Eugène de Beaurepaire répondront-ils, en ce qui les concerne, à M. Le Héricher ? Je n'en sais rien. Pour moi, je crois devoir répondre, estimant que cette double question *des insurrections populaires en Basse-Normandie* et *du rôle que Basselin a pu y jouer*, mérite d'être étudiée sérieusement, et doit être, si c'est possible, « coulée à fond » une bonne fois.

Procédons par ordre.

I.

LES INSURRECTIONS POPULAIRES EN BASSE-NORMANDIE AU XV° SIÈCLE.

Y a-t-il eu, *oui* ou *non*, des insurrections populaires en Basse-Normandie, pendant l'occupation anglaise ?

Non, dit M. Le Héricher, il n'y en a pas eu, et il ne pouvait pas y en avoir.

Je réponds : Il y en a eu trois, et très sérieuses toutes les trois, la *première* dans le Bessin et la plaine de Caen, la *deuxième* dans les

(1) *Ibid.*, p. 3.
(2) *Ibid.*, p. 5.
(3) *Ibid.*, p. 9.

Vaux de Vire, et la *troisième* dans le pays de Caux. Mais je laisse de côté la dernière, ne voulant pas sortir de la Basse-Normandie.

Je réponds en outre : Il y a eu *partout* un très grand nombre de petites insurrections locales. Je dis *partout*, mais ici encore je ne m'occuperai que de la Basse-Normandie.

§ 1. *Insurrection des paysans du Bessin et du pays de Caen, en 1434.*

Je pourrais, sur ce point, renvoyer mon honorable contradicteur aux écrivains et historiens normands *modernes*, et lui dire :

Lisez, je vous prie, l'excellent *Précis historique*, mis en tête de la 3e édition du *Guide de Caen*, de G.-S. Trébutien (1), par M. Ch. Marie, ancien professeur au lycée de Caen ; vous y lirez, page 27 : « En 1434, *trente mille paysans* de la plaine de Caen, du Bessin et du Bocage, se levèrent pour surprendre la ville (de Caen) et l'arracher aux Anglais : ceux-ci, plus aguerris, les mettent en déroute et en font un horrible carnage. Ce tragique évènement se passa sous le règne de Henri VI, qui, encore au berceau, avait succédé, en 1422, à son père enlevé dans la force de l'âge. »

Cet auteur est trop récent, me dira M. Le Héricher, je le récuse.

Soit ! Laissons donc de côté, non sans regret, je l'avoue :

— le *Résumé historique* de M. Gaston Lavalley, dans son ouvrage intitulé *Caen, son histoire et ses monuments* (Caen, 1877), p. 9 (2) ;
— la savante *Histoire du Cotentin*, de M. Gustave Dupont (Caen, 1873), tome II, p. 577 ;
— l'*Histoire de la ville de Caen*, par M. Frédéric Vaultier (Caen, 1843), p. 65 ;
— les *Nouveaux essais historiques sur la ville de Caen*, par l'abbé De La Rue (Caen, 1842), t. II, p. 300 (3).

---

(1) Caen, F. Le Blanc-Hardel, éditeur (sans date, mais imprimé après 1880).

(2) Je ne parle pas du roman du même auteur (les *Compagnons du Vau-de-Vire*), bien que le fond en soit emprunté aux meilleures sources historiques.

(3) Voir : Masseville, *Hist. de Normandie*, IVe partie, p. 178 ; — Jean Bouchet, *Annales d'Aquitaine*, éd. de 1524, 4e partie, fol. XXVII, v°, éd. de

Mais il est un *Mémoire* que je ne puis, — bien qu'il soit assez récent (1851), — passer sous silence. C'est, en effet, sur la question qui nous occupe, un travail de la plus haute importance ; je veux parler de la savante étude de M. Léon Puiseux sur *les Insurrections populaires en Normandie*.

Lorsque j'appris, quelque temps avant la dernière réunion du Congrès des Sociétés savantes, à Paris, que M. Le Héricher se disposait à soutenir cette thèse étonnante « qu'il n'y avait eu, pendant l'occupation anglaise, aucune insurrection populaire en Basse-Normandie », je m'empressai de lui signaler le *Mémoire* de M. L. Puiseux.

Quelle n'a pas été ma surprise en lisant dans la *Brochure* de M. Le Héricher, page 12, note 1 : « *Nous reconnaissons avec regret que nous* IGNORONS *les preuves que M. Puiseux apportait du fait d'une chouannerie effective et réalisée.*

Comment, M. Le Héricher, un des plus anciens membres de la Société des Antiquaires de Normandie, qui, par conséquent, a dû recevoir régulièrement les *Mémoires* et les *Bulletins* de cette savante compagnie, IGNORE le travail de M. Puiseux sur les *insurrections populaires en Normandie*, travail publié dans le tome XIX des *Mémoires*, IMMÉDIATEMENT APRÈS les recherches de M. Le Héricher lui-même, sur *le cri de Haro*??

Est-ce possible ? C'est possible, c'est même certain, puisque M. Le Héricher l'affirme (1). Donc, il IGNORE le travail de M. Puiseux.

1634, p. 251 : « *Commotion du peuple françois contre les Anglois.* L'an mil quatre cens trente quatre, le *peuple* de la basse Normandie, extimé à quarante mil hommes, prindrent la croix blanche (*) et se mirent contre les Anglois. Autant en feirent l'année après le peuple de Caux... »

Voir encore : Th. Lavallée, *Hist. des Français*, éd. de 1838, t. II, p. 155 ; — Eug. Bonnemère, *Hist. des paysans* (2ᵉ éd., 1874), tome II, pages 440 et suiv. ; — Du Fresne de Beaucourt, *Hist. de Charles VII*, t. II, p. 52. et t. III, p. 5 ; — Ch. Le Breton, *L'Avranchin pendant la guerre de Cent-Ans*, p. 200 et suiv.

(1) C'est le cas, ou jamais, de retourner le vers de Boileau :

« L'invraisemblable peut quelquefois être vrai. »

(*) Nous reviendrons plus tard, à propos d'Olivier Basselin, sur la *croix blanche* que portaient les insurgés français.

Eh bien ! je n'ai rien de mieux à faire, ce me semble, que de lui dire :
« Ouvrez le tome XIX des *Mémoires* de la Société des Antiquaires de Normandie, pages 138 et suivantes, et vous y verrez relatées, tout au long, les *insurrections populaires* dont je vous parle. »

Mais comme ce n'est pas seulement à M. Le Héricher que je m'adresse, que c'est encore au public, il me sera bien permis de prendre dans cet excellent mémoire quelques citations, afin d'édifier les lecteurs qui n'ont pas sous la main les publications de la Société des Antiquaires de Normandie (1).

— Page 144. « Pendant que le reste de la France était en feu, la Normandie (durant la plus grande partie de l'administration du régent anglais Bedfort) jouissait d'une tranquillité presque complète..... Les campagnes ne remuèrent point pendant seize ans. Mais bientôt tout changea. Les merveilleux triomphes de Jeanne d'Arc avaient rendu le courage aux Français et frappé les Anglais de terreur..... »

— Page 147. « Le mécontentement grondait et montait sourdement contre les Anglais. »

— Page 149. « Une vaste conspiration s'organisa dans le Bessin et le pays de Caen, depuis Bayeux jusqu'à Honfleur ; elle étendait ses ramifications, à l'ouest, dans le Cotentin ; au nord, dans le pays de Caux.....; au sud, dans le Maine et le Perche..... Le chef, l'organisateur de cette grande entreprise, était un homme obscur, et, selon toute apparence, un de ces paysans dont la nature énergique et rusée flaire et devine ce que la science apprend aux autres. L'histoire oublieuse nous a conservé à peine son nom : il s'appelait Quatrepié, Catepié ou Cantepie, « et disoit-on que ce Quatrepié estoit le principal entrepreneur » (2). Des chevaliers et des écuyers normands, Thomas Du Bois, le sire de Merville, un certain Pierre Le Flamand, ne dédaignèrent pas de se mettre sous les ordres de l'héroïque villageois.

(1) Voir encore, du même auteur, *l'Émigration normande et la Colonisation anglaise au XVe siècle*. Caen, Le Gost-Clérisse, et Paris, Durand, 1866. — Cette étude de M. Puiseux se trouve encore dans les *Mémoires* des Sociétés savantes, publiés par le Ministère de l'Instruction publique.

(2) Jean Chartier, dans Godefroy, page 65.

Vers la fin de 1434, alors que la récolte était rentrée, et que la froidure forçait les garnisons anglaises à se renfermer dans les places fortes, 60,000 hommes (1) se levèrent dans le bailliage de Caen et prirent la croix blanche de Charles VII, en poussant le cri de guerre : « Aux Anglais ! aux Anglais ! »

— Page 150. Le rendez-vous général était sous les murs de la grosse ville de Caen. Les insurgés s'y dirigèrent en trois divisions, l'une venant du côté de Bayeux, la seconde du côté de Vire, la troisième de Falaise et de la vallée de la Dive ; ce dernier corps était dirigé par Quatrepié lui-même. Le comte d'Arundell commandait alors à Caen et dans toute la Normandie comme lieutenant du régent duc de Bedfort : désespérant de pouvoir défendre la forteresse de l'abbaye Saint-Étienne, il la fit évacuer après en avoir enlevé les armes et toutes les provisions. C'est au midi qu'il porta tout l'effort de la défense ; il dressa une forte embuscade dans le faubourg de Vaucelles et attendit l'ennemi. Rapin Thoyras, dans son *Histoire d'Angleterre*, dit que les insurgés s'emparèrent de Caen, ayant à leur tête le maréchal de Rieux, mais que lord Arundell reprit bientôt la place ; mais aucun historien contemporain ne parle de ce fait, et je suis fort porté à croire que Thoyras a confondu Caen avec le pays de Caux..... Le chroniqueur anonyme de Charles VII dit positivement « *et pensèrent prendre d'assaut la ville de Caen* », ce qui nous permet d'admettre qu'il y eut quelque vive attaque, quelque effort énergique, tenté par cette multitude inexpérimentée dans l'art des sièges, mais point de résultat. La bande de Quatrepié pénétra sans résistance dans le faubourg de Vaucelles, et s'y était engagée étourdiment, lorsque les Anglais, sortant de leur embuscade, et, débouchant sans doute en même temps par la porte Millet, en firent un affreux massacre. Quatrepié, l'âme de l'entreprise, resta au nombre des morts. Cet échec porta un profond découragement chez les gens des communes ; leurs robustes épaules pouvaient-elles, en effet, renverser ces murs, ces herses de fer ; leurs bâtons, atteindre ces hommes d'armes derrière leurs créneaux ? Et puis, on était à Noël,

(1) 20,000, selon Monstrelet et la *Chronique de Normandie* ; 60,000, selon Jean Chartier, dont le récit est le plus circonstancié, et qui était du pays.

la terre était couverte de neige ; ils n'avaient ni camp, ni magasins. Ils battirent en retraite et retournèrent dans leurs foyers dans l'ordre où ils étaient venus, « et tost après se départirent et séparèrent les trois pars de ce commun » (1). Il paraît, d'après Monstrelet, que les communes se retirèrent en vertu de conventions passées avec les Anglais ; mais ceux-ci suivirent secrètement le principal corps, et, contre la foi des traités, l'attaquèrent sur la Dive, près de St-Pierre. « Les Anglois leur coururent sus, et, sans y trouver grand défense, en occirent bien *mille à douze cents*, et les autres se sauvèrent par les bois où ils purent le mieux » (2). Les prisonniers furent relâchés pour la plupart et renvoyés chez eux. Mais les meneurs furent mis en réserve : on leur arracha des aveux par les tortures les plus cruelles, et tous ceux contre lesquels s'éleva quelque charge furent pendus ou décapités » (3).

Voilà qui est clair, n'est-ce pas ? M. Le Héricher ne peut plus « regretter d'ignorer les preuves que M. Puiseux a fournies du fait d'une chouannerie effective et réalisée. »

60,000 paysans (n'en mettons que 30..., n'en mettons que 20) s'avancent, au fort de l'hiver, et se ruent à l'assaut de la ville de Caen. Ils sont repoussés : rien d'étonnant à cela. On leur tue *mille à douze cents* hommes, on met à la torture, on fait périr dans les plus cruels supplices les chefs de cette révolte ! Est-ce là ce que M. Le Héricher pourrait appeler « *une petite insurrection locale* » (4) ? C'est bien un grand mouvement populaire, une vaste révolte, admi-

---

(1) Jean Chartier, *loc. cit.*

(2) Monstrelet, *loc. cit.* — Polydore Vergile raconte autrement l'affaire. Suivant lui, les insurgés ne seraient pas arrivés jusqu'à Caen, mais les ducs de Sommerset et d'York, qui étaient alors dans la ville, auraient envoyé à leur rencontre le comte d'Arundell avec 5,000 archers et 1,300 chevaliers. Arundell, divisant ses forces, aurait embusqué sur leur route une partie de sa cavalerie et 2,000 archers, sous les ordres de Willoughby, et lui-même, faisant un détour, les aurait pris en queue et rejetés sur l'embuscade. Un millier environ de gens des communes furent tués : Arundell fit arrêter le carnage. POLYD. VERG., *Hist. d'Angl.*, liv. XXIII.

(3) Quæstio acerbe habita, et omnes in quibus culpa erat damnati necatique sunt. *Ibid.* — Voir aussi la *Chronique anon. de Ch. VII.*

(4) *Brochure*, au bas des notes de la page 34.

rablement préparée, mais qui, malheureusement, finit aussi mal qu'elle avait bien commencé.

Si M. Le Héricher, que je sais sur cette question fort incrédule, me demande sur quels documents M. Puiseux appuie son émouvant récit, je transcrirai, pour lui être agréable, les passages des auteurs contemporains que M. Puiseux s'est contenté d'indiquer, et d'autres passages empruntés à des auteurs que ce consciencieux historien n'a pu connaître.

M. Le Héricher admettra-t-il le témoignage de Polydore Vergile? Sans aucun doute! Cet Italien (1), qu'un long séjour en Angleterre avait rendu plus anglais que les Anglais eux-mêmes, n'est pas ce que M. le Président de la Société Archéologique d'Avranches pourrait appeler un « patriote de clocher », un « chauvin. » Pour lui, le Normand qui se révolte contre son vainqueur est un *ingrat* (*oblitus officii*); les paysans qui, mal armés, mal vêtus, mourant de faim, se précipitent contre leurs oppresseurs au cœur de l'hiver, sont tout simplement à ses yeux « un troupeau de lâches » (*ignava turba*). Cet aimable historien, ce *misogallo* avant la lettre, que M. Crispi se garderait bien de désavouer, est pourtant forcé de convenir que les Français détestaient de tout leur cœur leurs maîtres d'un jour, et qu'il était plus aisé de *blanchir un nègre*, comme dit le proverbe, que de faire aimer les Anglais par un Français. (*Prius Æthiopem posse mutare pellem, uti dicitur, quam qui terram incolunt Galliam valde multum diligere Anglos.*)

Polydore Vergile n'a dû consulter que des documents anglais. Or, voici comment il raconte l'insurrection populaire de 1434 :

« His temporibus ingens *agrestium* Normannorum, qui Oceanum attingunt, manus, sive a Francis solicitata, sive mutationis rerum cupida, quod vulgus plurimum avet, passim arma sumit, dejectisque per vim præsidiis, loca aliquot occupat, ac solum *Anglum persequendum* ubique vociferat. Hinc nimirum cognoscere licet, prius Æthiopem posse mutare pellem, uti dicitur, quam qui terram incolunt Galliam valde multum diligere Anglos. Quippe Normannus diu paruit Anglo bene acceptus, qui nunc *oblitus officii, non oblitus odii*, non dubitavit venire contra suos principes. Ea turba ita concitata Cado-

(1) Né en 1470, mort en 1555.

mum versus iter tendit, ut eo loci aucto armatorum numero, de summa rei consilium capiat. Interim Somersetensis et Eboracensis duces, audito *agrestium* tumultu, ac de eorum itinere certiores facti, nulla interposita mora, Harundellium comitem et Vuyllugby cum sex millibus sagittariorum, ac mille trecentis equitibus levis armaturæ immittunt, qui eos omnibus modis remorentur atque impediant, ut ne egrediantur progredianturve. Harundellius itinere diverso profectus, Vuyllugby cum parte equitum ac duobus millibus sagittariorum præmittit, qui uspiam prope viam, insidias venienti multitudini ponat. Ille, ut imperatum erat, faciens, in insidiis se locat, atque per nuntios docet Harundellium de loco insidiarum, quo intelligat, quando invadendi signum sit dandum. Quo cognito, Harundellius a tergo antecedentem multitudinem sequitur, quasi cervorum agmen in retia urgens, qui ubi ignavam turbam loco insidiarum appropinquare conspexit, edito repente signo, Vuyllugby ante coortus, et post ipse eam uno momento adoritur, quæ subito casu territa manus tendere, et projectis armis mortem deprecari cœpit, Quibus precibus motus Harundellius militem a cæde subito revocavit, comprehensisque speciatim illis, quorum operatione *plebem* concitatam existimabat, reliquos domum dimisit incolumes. Fuerunt tamen prius mille homines interfecti illo primo impetu, quam miles ad signa reduci potuisset. Ita sedato tumultu, et frenis subito tanto furori injectis, quæstio acerbe habita et omnes, in quibus culpa erat, damnati necatique sunt » (1).

M. Le Héricher peut m'objecter que Polydore Vergile n'est pas un témoin oculaire, ou même auriculaire.

Remontons, je le veux bien, jusqu'à Monstrelet. Monstrelet, né vers 1390, mort en 1453, est un chroniqueur trop sérieux pour que M. Le Héricher puisse le récuser. Eh bien! Monstrelet nous dira, au chapitre CLXIX (2), *Comment* LES COMMUNES *de Normandie se rassemblèrent en grand nombre et alèrent devant la ville de Kan* (3).

Mais il est possible qu'un chroniqueur qui écrit *Kan* au lieu de *Caen*, n'inspire qu'une médiocre confiance à M. Le Héricher.

(1) Polyd. Vergile, *Hist. d'Angl.*, éd. de Bâle, 1546, p. 483.
(2) Monstrelet, *Soc. de l'Hist. de France*, t. V, p. 113.
(3) Voir encore ch. CLXV, p. 104, *Comment les communes de Normandie s'eslevèrent contre les Anglois et leurs garnisons.*

Prenons donc des auteurs normands, *natifs de Normandie*, qui ont pu être témoins des événements qu'ils racontent.

Je commence par Thomas Basin (1), qui fut professeur de droit canonique dans l'Université *fondée à Caen par les Anglais*, et évêque de Lisieux, en 1447, c'est-à-dire *sous la domination anglaise* (2).

Un pareil témoin ne saurait être suspect à M. Le Héricher.

C'est en 1851 que M. Puiseux écrivait son savant mémoire sur *les Insurrections populaires en Normandie* : il lui était donc permis de ne pas citer l'*Histoire* de Thomas Basin, qui ne fut publiée par M. Jules Quicherat, dans la *Société de l'Histoire de France*, qu'en 1855. Plus favorisé que lui, nous prendrons dans le livre III (3) un passage que M. Le Héricher, s'il ne le connait pas, sera, nous n'en doutons point, heureux de lire :

Rebelliones et turbæ POPULARIUM RUSTICORUM *in Baiocismo* (le Bessin) *et in Valle Viriæ* (le Val de Vire) *adversus Anglos* (4).

« ..... Undè in tantum occasionibus hujuscemodi per rapinas et omnem injuriarum speciem populum afflixerunt [Angli], ut in toto Baiocismo, auctoribus nonnullis nobilibus patriæ (5), *populi agrorum et villarum*, ad suas ulciscendas injurias et calamitates, conati sunt Anglos patria pellere aut exterminare. Collecti enim tempore

---

(1) Thomas Basin, né à Caudebec, en 1402, mort en 1491.

(2) Faut-il encore citer Robert Gaguin, né en 1425, mort en 1502 ? On lit dans son *Compendium supra Francorum gesta* (éd. de 1521, fol. ccxxi v°, éd. de 1577, page 215) :

« Et Normanni agri Constantiensis (*le Cotentin*), qui mare accolunt, cum ab Anglis arma adversus Carolum regem ferre cogerentur, ipsi, hortante Quantepio (*Cantepie*), *multis hominum* EX PLEBE, et aliquot hominibus collectis, in Anglos se converterunt, atque Cadomum ducentes ab insidiantibus Anglis intercepti partim occubuere, reliquis fugientibus. »

3) Chapitre III.

(4) Je laisse de côté, pour le moment, l'insurrection des Vaux-de-Vire. Voir, plus bas, § 2.

(5) Il est assez naturel que l'*évêque* Basin pense que les nobles furent les instigateurs de la révolte; mais je crois que nous devons avoir plus de confiance en Jean Chartier, qui nous dit : « *Quatrepié estoit le principal entrepreneur, et par l'advis et conduite duquel se gouvernoient iceulx chevaliers normans et autres.* »

hiemali, cum rigor hiemis vehementer tunc sæviret, agris ubique nivibus ad profunditatem duorum pedum et ultra adopertis, ad suburbana oppidi Cadomensis convenerunt, æstimati ad numerum trigenta millium et amplius, arma quidem aut nulla habentes, aut talia, paucis exceptis, quæ ad milites bene armis communitos aggrediendos inefficacia atque irrita potius ducerentur. Nec in ipsis ordinis et dispositionis, nec annonæ nec rerum necessarium ad expugnandas urbes aut oppida, ulla ratio aut providentia habebatur. Unde paucis diebus cum illic stetissent, frigore, fame ac nuditate confecti, multis eorum parva Anglorum manu cæsis et dilaceratis, noctu abire et quaquaversum fundi et disperdi coacti sunt. Quorum plurimi ad domos suas, propter Anglorum metum, ire reformidantes, silvarum latibula potierunt, donec Anglorum proceres qui regendæ provinciæ curam susceperant, eorum miserati errores, generalibus abolitionibus quorumcumque criminum publicatis, præstita per eos qualicunque securitate, majore eos ex parte ad domos suas revocarunt : unde patria post et habitata et culta permansit. »

Si ces témoignages ne suffisent pas à M. Le Héricher,

« Je t'en avais comblé, je t'en veux accabler. »

lui dirai-je.

Je prendrai d'abord Jean Chartier. Jean Chartier, né à Bayeux vers le commencement du XV° siècle, mourut, croit-on, après 1470.

Jean Chartier, contemporain des événements qui nous occupent, nous raconte au chapitre xcv de sa *Chronique de Charles VII*, la *Commocion du peuple en Normendie* (1) :

« Environ ce temps (1434) s'eslevèrent et mirent sus vers Caen, Bayeulx et ailleurs en la Basse Normendie contre les Angloiz *tout le peuple et commun* du pays, lequel commun iceulx Angloiz avoient contraint d'être armé pour résister avecques eulx contre le roy de France et son party. Et s'assemblèrent à si grand nombre c'om disoit qu'ilz estoient plus de soixante mille. Et avoient avecques eulx plusieurs chevalliers et escuiers de Normendie, qui se mirent contre iceulx Angloiz. Entre lesquelz estoient Messire Thomas du Bois, le sire de

(1) Je prends mes citations dans l'édition, plus facile à consulter, donnée en 1858, par M. Vallet de Viriville. (*Bibl. elzév.*).

Merreville, ung nommé Pierre Le Flamenc, ung autre appelé Cantepie et plusieurs autres, et maintenoit-on que icellui Cantepie estoit le principal entrepreneur et par lequel se gouvernoient iceulx chevalliers normans et autres. Et vindrent devant la ville de Caen d'un costé et d'autre, et mirent les Angloiz estans en ladite ville une embusche ès faulxbourgs de Vaucelles, et à l'arrivée furent mors et prins plusieurs *gens de commun*, et entre les autres fut mort ledit Cantepie. Et tantost après se départirent plus de la tierce partie dudit commun.

« Et ce venu à la cognoessance de Jehan duc d'Alençon, que icellui commun estoit élevé contre les Angloiz, envoya Messire Ambroise, sire de Loré, son mareschal, à cent lances et deux cens archiers devers icellui commun ainssi assemblé, lequel sire de Loré les vint trouver près de l'abbaye d'Aunay, en l'evesché de Bayeulx. Et à celle heure n'estoient plus ensemble que cinq ou six mille ou environ, lesquelz sire de Loré et icellui commun se vinrent logier devant Avranches tous ensemble (1). Auquel lieu alla le duc d'Alençon et le sire du Bueil en sa compaignie, et là se tindrent environ dix ou douze jours, en recueillant les autres gens de commun qui ainssi se estoient mis sus contre iceulx Angloiz. Et après se départirent et deslogèrent devant ladite ville d'Avranches, et s'en ala ledit duc d'Alençon avec plusieurs gens d'icellui commun en pays du Maine. Et depuis s'en retournèrent la plus grant part d'icellui commun en pays de Normendie pour faire leur traicté avec les Angloiz, et ne sortit (de) leur entreprinse nul autre effect (2). »

Enfin, voici un passage que j'emprunte à la *Chronique*, encore inédite (3), du duc d'Alençon, par Perceval de Caigny, son écuyer :

« En celui an (1434), le bon *peuple* de Normendie environ Bayeulx,

---

(1) Comment M. Le Héricher, qui connait si bien l'histoire d'Avranches, ne s'est-il pas souvenu de ce fait si important pour la ville qui lui est chère entre toutes les villes ?

(2) Voir encore le *Journal d'un bourgeois de Paris sous le règne de Charles VII* (Mém. pour servir à l'*H. de Fr.*, coll. Michaud et Poujoulat, 1re série, t. III, p. 273).

(3) Je dois cependant ajouter que M. Jules Quicherat a publié de cette *chronique* plusieurs extraits concernant Jeanne d'Arc, dans la *Bibl. de l'École des Chartes*, 2e série, t. II, p. 143 et suiv.

Caen, Falaise, le Vau de Vire, Danfront et les environs se mirent sus pour le Roy, par la mocion d'aucuns des chevaliers et escuiers du païs de Normendie, et firent leur capitaine principal d'un escuier (1) nommé de Candepié, du païs d'Auge. Et se disoient passé LX mille hommes, assemblés les ungs en appareil, autres moiennement, le plus en petit appareil. Mais bon vouloir avoit ledit de Candepié et les autres nobles. Quant ils virent ce grand nombre de gens prests de mourir en servant le Roy, ils avisèrent que sans capitaine de grant puissance ne povoient conduire tel peuple. Et envoyerent devers le duc d'Alençon lui faire scavoir leur bon vouloir, et se lui plaisoit entreprendre le conduit d'entr'eulx. Il leur sembloit que par ce moyen pourroit recouvrer le païs de Normendie pour le Roy.

« Quant le dit duc d'Alençon sceut ces nouvelles, il en fut moult joyeulx, et le plus tost que faire le poult, se apresta à ce de gens de quoy il peult finer. Et, le..... jour du mois de janvier ledit an, se mist a chemin pour s'en aller joindre en Normendie avec les dessus dis. Quant il vint à l'abbaye de Savigné, nouvelles lui vinrent que ledit de Cantepié, avecques grand nombre de gens assemblez estoient alez devant Caen. Les Englois saillirent au devant d'eulx et à l'escarmouche qu'ils firent, ledit de Cantepié et ses gens furent mors environ CCLX et autant de prisonniers. Ce fait, tout leur compaignie se trouverent moult entreprins. Partie retournerent en leurs maisons. Les nobles et partie de commune vindrent devant Mons. d'Alençon, près d'un lieu nommé Saint-Ylaire. Eulx venus, ledit d'Alençon print le chemin pour aler metre le siège devant Avrenches.

Les Englois qui tenoient les bastilles devant le Mont-Saint-Michel, doubtant que le siège veinst, désemparèrent par nuit en grant desroy. Le Mont-Saint-Michel fut moult reconforté des biens demourez et

---

(1) Perceval de Caigny, écuyer du duc d'Alençon, ne pouvait manquer de faire un *écuyer* de Cantepie. Mais il vaut mieux, sur ce point, s'en rapporter à Jean Chartier, qui appelle Cantepie « ung nommé Cantepie », ce qui prouve suffisamment que Cantepie n'était pas noble. — Mais admettons, je le veux bien, que Cantepie (ou de Candepié) ait été écuyer, il ne reste pas moins certain que le gros de l'armée qu'il commandait était composé de « gens de commun. »

d'artillerie des dictes bastilles et de leur département. Ledit d'Alençon fut devant ledit lieu d'Avranches. L'iver estoit dur et aprè. Les *communes* s'en alèrent par chascun jour d'emblés. Le Roy n'envoya point les gens ou l'argent qu'il devoit envoyer. Par ce ledit d'Alençon fut contraint de s'en venir. »

Je ne sais si j'ai ruiné, « mis à jus », comme disaient nos pères, l'incrédulité de M. Le Héricher. Je le désire, plus que je n'ose l'espérer.

Il me semble que je l'entends dire : « Je veux un document authentique, une lettre d'Henri VI, roi de *France* et d'Angleterre, ou de Charles VII, tout au moins, me prouvant que c'était bien le *peuple* de Normandie qui, en 1434, s'est soulevé et précipité, avec plus de courage que de prudence, contre la ville de Caen. »

Qu'il soit fait selon le désir de mon honorable contradicteur !

J'ouvre l'*Histoire de l'abbaye de Saint-Étienne de Caen*, par M. Hippeau, travail important, qui doit être connu de M. Le Héricher, puisqu'il a été publié dans le tome XXI des *Mémoires de la Société des Antiquaires de Normandie.*

M. Hippeau nous dira donc (1) : « Hugues de Juvigny, nommé, en 1428, abbé de St-Étienne, demanda et obtint du roi Henri VI l'autorisation de percevoir certains impôts extraordinaires sur les habitants du Bourg-l'Abbé, pour réparer les fortifications de l'abbaye (20 sous pour chaque pipe de vin et 5 sur chaque tonneau de cidre vendu en détail).

[Suit la lettre de Henri VI.]

Les travaux se poursuivirent avec vigueur jusqu'en l'année 1433, mais les Anglais, voyant que les communes du bailliage se rassemblaient autour de la ville, craignirent qu'elles n'en devinssent facilement maîtresses, si elles venaient à s'emparer de l'abbaye. Henri VI, par sa lettre du 18 février de la même année, ordonna que l'on abaissât une des murailles de la ville, du côté de l'abbaye, de manière qu'on pût jeter, au besoin, un pont d'un mur sur l'autre, et aller défendre la forteresse contre l'ennemi.

Cette mesure ne rassura pas les moines, et le 29 du même mois, ils obtinrent d'autres lettres-patentes qui ordonnèrent aux habi-

---

(1) Pages 135 et suiv.

tants de la ville de Caen de mettre les fortifications de l'abbaye en bon état, et de supporter la moitié des frais de construction. Cette précaution fut tout-à-fait inutile, car l'année suivante, en 1434, la noblesse et les communes, mécontentes du joug des Anglais, se rassemblèrent au nombre de plus de 50,000 hommes, cernèrent Caen, s'emparèrent de l'abbaye et en démantelèrent les fortifications du côté de la ville, sans que les Anglais s'occupassent de les en empêcher.

Les habitants avaient eu soin d'enlever les armes et les provisions qui se trouvaient dans l'abbaye, pour les dérober aux communes, dans la prévision de leur triomphe. Elles furent donc obligées de renoncer à s'emparer de la ville et se retirèrent. »

Plus loin (1), nous lisons : « Une lettre de Henri VI, rappelant le pillage dont l'abbaye de St-Étienne avait eu à souffrir lors de l'invasion des communes, donna à l'abbaye et aux religieux le droit de poursuivre le jugement des causes pendantes en l'échiquier de Rouen, sans avoir besoin de produire les pièces ou titres qu'il ne leur était plus possible de retrouver :

« Henry, par la grâce de Dieu, roi de France et d'Angleterre, à nos amez et féaulx conseillers qui tiendront nostre prochain eschiquier de Normandie, salut et dilection. Receue avons humble supplication de nos bien amez les religieux, abbé et couvent de St-Etienne de Caen, de fondation royal, contenant *comme à l'occasion et pour le fait de la guerre, la closture et muraille de leur église ont esté démollie et abattue et lesdits suppliants desclos; et que* AU TEMPS DE L'ASSEMBLÉE OU REBELLION DES COMMUNES *qui furent devant nostre ville de Caen, et entrèrent à puissance dedans ladite église et abbaie, les biens, lettres escriptures et choses que l'on y pout trouver furent prins, emportés, pillés et perdus, mesmement les coffres et closlures d'icelle abbaie rompus et froissés, et les chambres et tout mis à ouverture et abandonnés….. pour ce….. nous qui sommes pro*tecteur des églises et en especial de celles qui sont de nostre seigneurie, avons octroyé et octroyons de grâce especial par ces presentes, que, en baillant par eulx particulièrement déclaration en iceluy eschiquier contre nous et nostre procureur des choses dont ils povent avoir connoissance, en especial de celles qui seroient advenues depuis

---

(1) Page 189.

le temps que *les dites communes entrèrent en leur dit hostel*, etc., etc... » (1).

Ce que nous dit Henri VI, roi de *France* et d'Angleterre sera confirmé par le *vrai roi de France*, par Charles VII.

M. Le Héricher a, nous dit-il, parcouru avec le plus grand soin les précieux documents, mis par M. Siméon Luce à la suite de la *Chronique du Mont-Saint-Michel* (2). Toutefois, on peut s'étonner qu'il n'ait fait aucune allusion aux *Lettres* de Charles VII (1455, 29 mai) (3), lettres dans lesquelles il est fait mention « de l'occupation, en 1434, par les nobles et *communes* (4) de la vicomté de Caen de l'abbaye fortifiée de Saint-Étienne de cette ville, dont les fortifications furent abattues par les Anglaiz à la suite de cette occupation. » Or, on lit dans ces *Lettres* de Charles VII ;

« Charles, par la grace de Dieu roy de France, savoir faisons à tous presens et avenir nous avoir receue l'umble supplication de nos bien amez les religieux, abbé et couvent de Saint-Étienne de Caen, contenant que, comme ladite abbaie soit d'ancienne fondacion et depuis long temps de l'auctorité, congié et licence de nostre prédécesseur le roy Jehan, cui Dieu pardoint, ait esté environnée de haulx murs, tours et fossez jusqu'en l'an M. CCCC. XXXIIII, que les nobles et *communes* de la vicomté de Caen durant le temps que noz anciens ennemiz et adversaires (5) les Anglois occupoient le pais de Normandie, voulans remettre et reddruire la dicte ville en nostre obéissance, se vinrent logier en la dicte abbaie, et depuis leur partement d'icelle abbaie, nos dits ennemis pillèrent (6), prindrent et empor-

(1) Bibl. Nat., Cartulaire de St-Étienne. Man. de Gaignières, 206.
(2) *Soc. des Anc. textes français*. Paris, Didot, 1879.
(3) *Chron. du Mont-St-Michel*, t. II, p. 251.
(4) *Op. cit.*, t. II, p. 50. « Mandement relatif à un message adressé par Jean Falstof à Thomas, sire de Scales, pour le faire venir à Caen en toute hâte, avec les gens d'armes et de trait dont il pourrait disposer, en vue de « résister et courir sus aux nobles et *gens de commun* qui estoient venus mettre le siège devant la ville de Caen. » — Voir encore pages 51, 53 et 54.
(5) Remarquons, en passant, cette expression courante « ennemiz et adversaires » dont nous aurons plus loin à nous occuper.
(6) On le voit, les dégâts commis dans l'abbaye de St-Étienne doivent

tèrent tous les biens estans dedans icelle, et avec ce abattirent grand partie de la dicte muraille jusques aux fondemens ; et à ces causes, etc., etc..... »

Jusqu'ici, je n'ai, sauf un fragment de la *Chronique* de Perceval de Caigny, rien cité d'*inédit*, rien que ne pût connaître M. Le Héricher. Je réservais l'*inédit* pour la fin, voulant faire cette surprise à M. le Président de la Société d'Archéologie d'Avranches.

Le fonds Danquin des *Archives du Calvados* nous fournit, au sujet de l'insurrection des paysans du Bessin et de la plaine de Caen, deux pièces qui n'ont jamais été publiées, du moins nous le croyons (1).

être imputés, non pas, comme le ferait supposer la lettre de Henri VI, aux *communes révoltées*, mais bien aux Anglais.

(1) Nous en devons la communication à l'obligeance de M. A. Bénet, archiviste du Calvados, qui a bien voulu les transcrire pour nous.

La seconde de ces deux pièces n'est pas précisément *inédite*, dans le sens strict du mot. On la retrouve résumée dans le *Registre de la Cour des Comptes*, où M. E. Le Héricher lui-même l'a prise pour la citer dans son *Avranchin monumental* (t. III, p. 6). Voir aussi Ch. Le Breton, *op. cit.*, p. 202. — M. Le Héricher ne s'est pas rappelé ce document si important, lorsqu'il a écrit sa brochure : « *Une prétendue insurrection*, etc. » Voici le résumé qu'on peut lire dans l'*Avranchin monumental* : « Vu la tentative que certains habitants de Normandie avaient faite de soustraire les villes de Caen et d'Avranches à la domination anglaise, il est défendu à tous cinquanteniers, diseniers et autres, auxquels on a permis d'avoir et tenir leurs bastons et armeures, que d'ores en avant ils ne se assemblent en quelque manière que ce soit. »

Dans un document de la Bibl. Nationale, fonds français, 26,057, n° 2226, dont je viens d'avoir communication, grâce à l'obligeance de M. Coville, maître de conférences à la Faculté des Lettres de Caen, on lit ce qui suit : « Jehan de Saint-Fromont, lieutenant-général de noble homme messire Guillaume Breton, chevalier, bailli de Caen au vicomte du dit lieu ou à son lieutenant, salut... » Il est question de deux lettres portées par un messager, nommé Marot Gueroult ; l'une de ces deux lettres « contient que les villes de Falaise, de Baieux, d'Avranches, estoient vendues aux ennemis (du roi d'Angleterre), et que ce fust fait savoir aux cappitaines d'icelles villes ou leurs lieutenans en toute hâte... » Ce document porte la date du 25 janvier 1433.

La première est du 24 février 1434/5 : c'est un *mandement*, où nous pouvons voir que les biens des rebelles furent confisqués :

« Mandement des trésoriers et gouverneurs généraux des finances « du Roi en Normandie aux vicomtes de Caen et Bayeux. Comme « puis nagaires plusieurs des habitans en icelles vicontez, *tant nobles* « *que autres* se soient absentés et desclairez traistres et rebelles au « Roy..... *à l'assemblée* par eulx nagaires faicte devant ceste ville de « Caen, pour lesquelles causes les biens meubles et héritages desdits « traistres doient competer et appartenir au Roy..... »

La seconde pièce, du 24 mai de la même année, nous donne des détails encore plus circonstanciés que la première sur l'insurrection dirigée par Cantepie contre la ville de Caen :

« De par le Roi et les commissaires nouvellement ordonnés aux « pays et duché de Normendie pour le bien du Roi et entretenement « dudit pays, *Pour ce que plusieurs des habitans du pais de Nor-* « *mendie se sont puis nagaires assemblés* EN GRANT NOMBRE *et esmeuz* « *en armes sans congié et auctorité de justice, et oultre les crilz* « *et ordonnances sur ce faiz..... et depuis par faulce et mauvaise* « *induction de plusieurs nobles, centeniers, cinquanteniers* (1) *et* « *autres rebelles et desobeissans aud. s*r *ont esté avecques iceulx* « *rebelles* DEVANT LES VILLES DE CAEN ET AVRANCHES, *cuidans icelles* « *prendre et mettre hors de l'obeissance dud. s*r, *en commettant* « *crime de leze magesté*, defense à tous cinquanteniers, dizeniers et « autres dudit pays qui ne sont point assemblés et auxquels on a « permis avoir et tenir leurs batons et armures et autres dudit pays, « de s'assembler à l'avenir sans l'autorité des baillis et sans qu'ils « aient capitaine anglais selon la teneur des ordonnances sur ce « dernierement faites de par le Roi, sur peine de perdre leurs batons

---

(1) Voir dans Chéruel (*Hist. de Rouen sous la domination anglaise, au XV*e *siècle*, p. 127, notes) comment les Anglais avaient organisé une milice bourgeoise (centeniers, cinquanteniers, etc.) pour « le guet et garde de nuit et de jour. » — D'après le document inédit du 24 mai 1434/5, on voit qu'un assez grand nombre de nobles et de bourgeois, centeniers, cinquanteniers, etc., avaient, lors de l'insurrection dirigée par Cantepie, tourné contre les Anglais les armes que ceux-ci leur avaient imprudemment confiées (*Oblitus officii, non oblitus odii*, dira Polydore Vergile). Voir *suprà*, p. 8.

« et habillemens de guerre, être reputés rebelles et desobeissants au
« Roi, et comme tels punis à la volonté et discretion de justice. Ordre
« à tous les officiers des pays de faire apprehender les ennemis du
« Roi qui viendroient en Normandie et d'en faire telle punition et
« justice que ce soit exemple à tous autres. » [Caen, 24 mai 1434/5.]

Après lui avoir cité tant de prose — pas toujours très élégante, —
M. Le Héricher me permettra bien de finir par une citation empruntée
sinon à un poète, du moins à un versificateur du XV° siècle.

Martial de Paris, dit d'Auvergne (1), nous dira dans ses *Vigiles
de Charles VII* (2) :

> *Ung peu apres ceste saison* (3)
> *Les communes de Normendie* (4)
> *Si s'esmeurent oultre raison*
> *Par une manière estourdie.*
>
> Contre les Anglois s'eslevèrent,
> Eux efforçans de rebeller ;
> Mais les Anglois moult en tuèrent
> Et les firent tost demesler.

La question n'est pas de savoir si les *communes de Normandie*
eurent tort d'attaquer les Anglais *par une manière étourdie*. Ce qu'il
est important de constater, c'est que nos braves aïeux se sont révoltés
et ont essayé de secouer le joug odieux que les Anglais leur avaient
imposé. Plus de 1,200 Normands « du commun » ont été, en 1434,
tués à l'ennemi, sous les murs de Caen ou dans les plaines voisines.
Voilà ce que M. Le Héricher ne peut nier... à moins, ce que je
n'ose croire, qu'il ne veuille fermer les yeux à l'évidence.

(1) Né vers 1420, mort en 1508.
(2) Martial d'Auvergne, Paris, Coustelier, 1724, t. I, p. 139. Voir aussi
André du Chesne, *Hist. d'Angl.* ; Paris, 1666, p. 868.
(3) A la date de 1434.
(4) Par les *communes*, il faut ici, comme dans les documents cités plus
haut, entendre non seulement les bourgeois et les artisans des villes, mais
encore, mais surtout les paysans. Thomas Basin et Jean Chartier sont
formels à cet égard : « *Rebelliones et turbæ* POPULARIUM RUSTICORUM (Th.
Basin) ; tout le *peuple* et *commun* du pays (J. Chartier).

§ 2. *Insurrection populaire dans les Vaux-de-Vire, en 1436.*

Descendons maintenant dans les *Vaux-de-Vire*. Ici, les témoignages sont moins abondants que pour l'insurrection populaire lancée par Cantepie contre la ville de Caen, mais ils ne sont pas moins sérieux.

Commençons par Thomas Basin.

— Page 107. « Fuit autem, et iisdem prope temporibus (1) simul quædam *populorum turba* in finibus Vallis Viriæ, auctore cognomento Boquier. Ubique enim per omnes Normanniæ terminos (2), ab Anglorum prædonibus, licet provinciam sub suo imperio Anglorum rex haberet, adeo populi vexabantur rapinis, cædibus ac diversis

---

(1) Ce passage est la suite du chapitre III. Voir *supra*, page 10.

(2) On voit que le soulèvement était général, et que *par toute la Normandie*, éclatèrent des révoltes *populaires*.

Il faut beaucoup se défier de l'érudition (?) de Richard Séguin, l'auteur de l'*Histoire militaire* et de l'*Histoire archéologique des Bocains* (Vire, 1816 et 1822) ; toutefois, bien que Richard Séguin n'ait été que le peu habile metteur en œuvre des notes trouvées par lui dans les papiers de l'abbé Le Franc, supérieur des Eudistes à Caen (massacré, le 2 septembre 1792, au couvent des Carmes, à Paris), on peut accepter quelques-uns des renseignements qu'il nous donne [Voir : E. Frère, *Bibliogr. normande*, à l'article Le Franc]. Or, voici ce qu'on lit dans son *Histoire militaire des Bocains*, page 314 : « La victoire commençait à tourner le dos aux Anglais depuis la mort de Bethfort : ils avaient peine à faire face partout. Les Bocains (gens du pays de Vire, du *Bocage virois*) supportaient leur joug avec impatience. *Les Virois se révoltèrent sous les ordres de Jean Boschier, en 1437* (lisez 1436). »

— Le fils de Richard Séguin, C.-A. Séguin, dans son *Mémorial virois* (Caen, Le Blanc-Hardel, 1872), parle aussi, pages 31 et 32, de l'insurrection de Boschier. Mais encore moins bien informé que son père, il place en 1441 cette révolte des paysans virois. Toutefois, ces erreurs de date sont de peu de conséquence. Ce qui est important à retenir, c'est que la *tradition viroise* est constante pour affirmer qu'il y eut, pendant l'occupation anglaise, une grande insurrection populaire dans le Val de Vire, et que cette insurrection avait à sa tête « un nommé Boschier. »

calumniis atque injuriis, ut impatientia malorum et tædio tam diuturnæ inquietudinis, veluti desperatione salutis, ad tales insurrectiones contra Anglos urgerentur ; studiose, ut diximus, ad hoc annitentibus impiis Anglorum (qui vetustissimi et quodammodo naturales illius terræ et populi esse creduntur) ut majorum rapinarum atque cædum, ad sua exsaturanda odia, occasione conquirerent. Sed hujus turbæ in *Vallibus Viriæ* impetum compescuit quidam Anglorum militiæ dux, dictus dominus de Scales (1) ; nam multis eorum cæsis, et, ut fama erat, ad quatuor aut quinque millia virorum, hujusmodi tumultus repressus est, superstitibus, præstita securitate, ad propria revocatis. »

Si le témoignage de Thomas Basin paraît insuffisant à M. Le Héricher, je puiserai dans les *Pièces diverses* de la *Chronique du Mont-Saint-Michel.*

En 1436 (Nouveau Style), le 25 janvier (2), Robert Jozel, lieutenant-général de Hue Spencier, escuier, bailli de Costentin, mande au vicomte de Coutances que « *Boschier*, capitaine de *communes*, a fait une *grosse assemblée.* »

Le 15 mars (3), le même Robert Jozel mande au vicomte de Valognes qu' « ung nommé *Boschier* et plusieurs autres *gens de commun* se veulent tourner en rébellion contre le roi d'Angleterre.

Le 23 mars (4), dans un message de Richart Haryngton, bailli de Caen, il est encore question de *Boschier*, dont on a rapporté à Jean Ffastoff « certaines nouvelles. »

Le 28 mars (5), Hue Spencier, bailli de Costentin, enjoint aux habitants du plat pays de s'armer de bâtons et de se mettre en em-

---

(1) Le *Chroniqueur du Mont-St-Michel* dit, à tort, que le sire de Scales fut tué à l'assaut qu'il donna vainement à la célèbre forteresse, le 17 juin 1434 (Voir Sim. Luce, *op. cit.*, t. I, p. 35). Le sire de Scales, qui fut seulement blessé dans cet assaut, vivait encore en 1443 (Voir Sim. Luce, *op. cit.*, t. II, p. 164.

(2) *Chron. du Mont-St-Michel*, t. II, p. 74.

(3) *Op. cit*, t. II, p. 75.

(4) *Op. cit.*, t. II, p. 76.

(5) *Op. cit.*, t. II, p. 77.

buscade sur les chemins pour résister aux *ennemis*, c'est-à-dire aux insurgés conduits par *Boschier*.

— Le dernier jour de mars, le même Hue Spencier envoie au vicomte de Carentan, ou à son lieutenant, cet important message : « Comme puis n'aguères il aist esté nécessaire que ayons mis espies sur le païs, messagers, tant pour porter lettres aux seigneurs du conseil du Roy, nostre seigneur, que à plusieurs capitaines de places, *pour remédier à certaines rebellions que s'efforçaient de faire contre led. S^r et sa seigneurie aucuns hommes de devers le païs de Mortaing et Val de Vire en la compaignie d'un surnommé Boschier, et eulx joindre avecque les ennemis pour cuider destruire le païs et subjects de nostre dit Seigneur*, envers lesquels Pierre Du Val de Gavray a esté par nous envoyé sur le pays de devers ledit Mortaing, Avranches, Vire et Villedieu, *pour..... et enquérir de l'entreprinse dudit Boschier*, et avecques ce devers Mgr d'Escales à Danfront quérir lettres pour porter et remonstrer audit Boschier et (ses ?) hommes qu'ils ne s'esmeussent en aucune manière et qu'ils soient tenus en bonne justice, esquelles choses faisant il a vacqué tant en allant que en revenant par devers nous audit Gavray, où estions pour joindre avecques mon dit s^r d'Escalles pour courre sus auxdits hommes, se rebeller se vouloient, etc. (1). »

Le 6 septembre (2), Robert Jozel parle d'une attaque de Cherbourg projetée par les Français, des dispositions hostiles manifestées par un grand nombre de *communes* de Normandie, et de la révolte fomentée par Boschier, « pour la doubte qui estoit que *le peuple ne se voulsist rebeller contre le roy* (d'Angleterre) *nostre dit seigneur, et soy tourner de la partie d'un nommé Boschier qui s'estoit mis sus en armes* AVECQUES GRANT NOMBRE DE PEUPLE ET COMMUNES, ET TOURNÉS EN REBELLION CONTRE LEDIT SEIGNEUR ET SES VRAIS SUBGÉS »

M. Le Héricher, je m'empresse de le reconnaître, ne nie pas, — ce qui serait d'ailleurs difficile, — le « mouvement qui eut à sa tête le nommé Boschier (3) » ; mais si *important* que lui paraisse ce *mou-*

---

(1) Document *inédit* appartenant à M. Paul de Farcy, et qu'il a bien voulu copier pour moi.
(2) *Chr. du M.-S.-M.*, t. II, p. 94.
(3) *Brochure*, p. 26.

vement, il tâche de l'amoindrir autant qu'il peut. « L'acte anglais, daté du 6 septembre 1436, ne dit pas que le peuple se soit réellement révolté; *on craint seulement qu'il n'en ait eu le vouloir.* » Donc, d'après M. Le Héricher, fidèle à son système, velléités de révolte, mais non révolte effective !

Je lui répondrai : Qui nous dit que l'acte anglais n'a pas été rédigé avant la rencontre des insurgés virois et des troupes anglaises? Pouvez-vous nier que les insurgés virois, commandés par Boschier, aient été écrasés par le sire de Scales? Thomas Basin ne nous dit-il pas formellement : « Sed hujus turbæ in *Vallibus Viriæ* impetum compescuit quidam Anglorum militiæ dux, dictus dominus de Scales; nam multis eorum cæsis, et, ut fama erat, *ad quatuor aut quinque millia virorum*, hujusmodi tumultus repressus est. »

Thomas Basin ne nous dit pas où fut écrasée l'héroïque autant qu'imprudente armée de Boschier. M. Le Héricher aurait pu voir, toujours dans les documents ajoutés par M. Siméon Luce à la *Chronique du Mont-Saint-Michel* (1), que les *insurgés du Val de Vire* furent taillés en pièces et mis en déroute à Saint-Sever, à trois lieues de Vire. « *Au temps de la journée d'un appelé Boschier, à Saint-Sever, où..... nos vrais et loyaulx subgiez* (c'est Charles VII qui écrit, 1451, août) FURENT OCCIS PLUS DE MILLE PERSONNES, *cuidant mettre nos ennemis en subjection et les subjugier.* »

M. Le Héricher dira-t-il encore que l'insurrection de Boschier et des paysans du *Bocage virois* fut un *semblant* d'insurrection, que cette insurrection « en l'air » n'aboutit pas?

Les pauvres « gens de commun » tués à la « journée » de Saint-Sever ne se relèveront pas de leur tombe pour lui donner un démenti; mais la lettre de Charles VII le fera réfléchir (je l'espère, du moins) sur le danger qu'il y a à conclure trop tôt.

Donc, voilà bien prouvées par des historiens dignes de foi et par les documents les plus authentiques, deux grandes insurrections *populaires* en Basse-Normandie : l'une, celle des paysans du Bessin, dirigée par Cantepie, en 1434, contre la ville de Caen; l'autre, en

---

(1) *Chr. du M.-S.-M.*, tome II, p. 243.

1436, celle des « gens de commun » du Val de Vire, dirigée par Boschier, probablement contre Cherbourg (1).

Les paysans du Bessin étaient, suivant certains historiens, au nombre de 60,000. Que ce chiffre ait été exagéré, je le veux bien. Admettons, avec Thomas Basin (2), qu'ils n'aient été que 30,000. C'est déjà, on en conviendra, un chiffre respectable. Quoi qu'il en soit, les Anglais leur tuèrent au moins *mille* hommes, si l'on en croit Polydore Vergile, qui, je le répète, écrivait son histoire sur des documents fournis par les Anglais eux-mêmes

A la « journée » de Saint-Sever, les « Compagnons du Vau-de-Vire » perdirent également *mille* hommes, d'après la lettre de Charles VII, et *quatre ou cinq mille* d'après Thomas Basin. Prenons le chiffre le plus faible; nous pouvons donc, sans exagération, évaluer à 30,000 hommes au moins le nombre des insurgés du Bocage virois (3).

---

(1) Voir Sim. Luce, *op. cit.*, t. II, p. 94.
(2) Th. Basin, *loc. cit.*
(3) « Beau pays de chouannerie! » est forcé d'avouer M. Le Héricher, d'après J. Barbey d'Aurevilly. — (*Broch.*, p. 3, note 3, et page 27, note 3.) — On peut se demander pourquoi les grandes insurrections populaires ont si misérablement échoué. La vraie raison, c'est que les pauvres « gens de commun », mal armés, mourant de faim, ne pouvaient pas résister à des ennemis, assez peu nombreux sans doute, mais pourvus d'armes et de provisions de toute sorte. — Thomas Basin attribue encore à une autre cause les échecs des « gens de commun. » D'après lui, les nobles jalousaient les paysans et se montraient peu disposés à les seconder dans leurs révoltes : « Rothomagenses... quotidie præstolantes ut ad se *agmen illud popularium* adventaret, ut ipsi se de Anglis expedire opportunitatem haberent. Sed non ea affectio aut cura fuit illis Francorum ducibus patriæque illius nobilibus, qui illuc occurrebant. *Invidebant enim populo propter ea quæ ab eis prospere initiata fuerant*, sibi magnum periculum et Francorum imperio imminere falsissime et impiissime jactantes, *si populos illos tanta felicitas sequeretur ut Anglos de terra suismet viribus et armis expellerent*, dolebantque quod tot oppida et castella patriæ ab Anglorum potestate exuissent, quasi minor prædas agendi, ad quas solum inhiabant, facultas per hoc eis relinqueretur » (Th. Basin, III, ch. v, éd. Quicherat). — Je crois que Th. Basin, dans les dernières lignes que nous venons de citer, calomnie la noblesse de

§ 3. *Les petites insurrections locales. — Les « brigands. »*

Il ne faudrait pas croire qu'à côté de ces grandes *émotions populaires* il n'y eut pas de petites insurrections locales (1).

Les documents cités par M. Siméon Luce, à suite de la *Chronique du Mont-Saint-Michel*, sont, à cet égard, une mine inépuisable de précieux renseignements. A chaque page, pour ainsi dire, il est question de « traistres », de « larrons », de « BRIGANDS », qui ont été faits prisonniers et décapités « pour leurs démérites » (2).

« Traîtres, larrons, brigands » ! M. Le Héricher prend ces injures au sérieux : il croit que les Anglais, exerçant en Normandie une sévère police, ne faisaient décapiter (escolleter) que les voleurs de grand chemin ; il ne veut pas voir que ces *traîtres*, ces *larrons*, ces *brigands*, sont presque toujours qualifiés « ennemis et adversaires du roi notre seigneur » (3). Donc ces traîtres, ces larrons, ces brigands sont ce qu'étaient, sous la Révolution, de 1792 à 1796, les « Chouans », qui s'embusquaient derrière une haie ou un mur et « descendaient » les « bleus », quand ceux-ci s'aventuraient un peu trop loin pour marauder ou pour explorer le pays.

La preuve incontestable (pour nous, du moins) que les *brigands*, les *galants de la feuillée* (4), les *compagnons gallois*, sont bien ce que plus tard on a appelé des *chouans*, c'est que, à la date du

---

France ; mais il n'est pas impossible qu'elle ait vu de mauvais œil les premiers succès des paysans révoltés.

(1) M. Le Héricher passe sous silence un *Mémoire* de M. L. Puiseux, qu'il a dû, sinon entendre à la Sorbonne, du moins lire dans les *Mémoires des Sociétés savantes*, publiés par le Ministère, ou lire dans le tirage à part édité à Caen, chez Le Gost-Clérisse, et à Paris chez Durand, en 1868. Je veux parler du Mémoire intitulé : *L'Émigration normande et la colonisation anglaise au XV*[e] *siècle*, mémoire où il n'y a pas une ligne, pour ainsi dire, qui ne soit appuyée sur un document authentique.

(2) Voir *Chr. du M.-S.-M.*, t. I, pages 101, 124 et 267, note 1 ; t. II, p. 5, 6, 26, 80, 159, etc, etc.

(3) Voir notamment, t. II, pages 80 et 81.

(4) Sim. Luce, *op. cit.*, t. I, p. 82.

5 août 1432, Raoul Le Sage, seigneur de Saint-Pierre, conseiller du roi, certifie que Thomas Pellevé, vicomte de Coutances (qu'il avait fait venir par devers lui à Carentan), a dû prendre une escorte de « cinq archers et six hommes de conduit », par crainte des *brigands et ennemis du roi.* » Ce n'était pas des voleurs de grand chemin que Thomas Pellevé, vicomte de Coutances, avait peur, mais bien des rebelles, des « ennemis » des Anglais.

Ce ne sont pas de « vulgaires malfaiteurs », mais bien des *brigands, ennemis du Roi*, qui forcent, en 1422, Robert de Boissey, garde des sceaux des obligations de la vicomté d'Auge, à transférer sa résidence à Lisieux, « propter confluentiam *brigandorum* in partibus d'Auge (1). »

Ce ne sont pas de « vulgaires malfaiteurs » qu'Henri V, dans son mandement du 21 mars 1418, invite à se soumettre : « Publice proclamari faciatis quod omnes et singuli *brigantes* ac alii quicumque in locis privatis et absconditis se tenentes, qui ad gratiam, pacem et obedientiam nostras venire volunt et desiderant, etc..... (2). »

Ces *brigands*, c'est-à-dire ces *rebelles*, n'étaient pas de petits saints, j'en conviens : il fallait bien piller çà et là pour vivre. Aussi, dans les lettres (du 19 mars 1419) portant conclusion d'une trêve entre le roi d'Angleterre et le duc de Bretagne, voit-on, sans étonnement, les *brigands* assimilés aux malfaiteurs ordinaires : « Nonnulli de-

---

(1) *Rôles de Bréquigny*, n° 1345. Voir Puiseux, *Émig. norm.*, p. 62. — Il en était de même dans la Haute-Normandie. En 1419, le vicomte de Beaumont-le-Roger, ne pouvant plus tenir ses assises aux lieux accoutumés « propter metum et confluentiam *brigandorum* », le roi d'Angleterre lui permit de transporter le siège de sa juridiction dans le château-fort de La Rivière-Thibouville (*Rôles de Bréq.*, n° 651).

(2) *Rôles de Bréq.*, n° 1360. — Extrait d'une pièce relative à la mise sous la main du roy d'Angleterre des fiefs nobles de la vicomté d'Alençon : « ..... Et oultre nous fut tesmoigné et recordé... que pour le temps de présent l'on ne pouvoit avoir ni recouvrer les singulières parties d'iceulx fieux et terrements obstant le fait et occasion de ceste présente guerre, pour ce que iceulx fieux et terrements sont assis près des bois en païs dangereux où les *brigands* aucuns et adversaires du roy nostre dict seigneur sont et repèrent chascun jour..... » (2 février 1436) [Pièce inédite extraite des Archives du département de l'Orne].

prædatores, qui gallice dicuntur *brigans*, ac alii malefactores et *rebelles* multa dampna, ut dicitur, inferunt..... (1). »

Mais, encore une fois, ces *brigands* n'étaient pas de simples « larrons et meurtriers » ; c'étaient les nobles qui abandonnaient leurs châteaux pour aller se joindre aux troupes du roi de France ; c'étaient les bourgeois et les gens du peuple qui préféraient à une honteuse soumission la vie la plus misérable dans les cavernes et dans les bois. Que nous dira, en effet, Henri V dans son ordonnance du 27 juin 1421, *contre les Normands rebelles et brigands ?* Il nous dira, en termes bien clairs : « Plures *nobiles* et *populares* de ducatu nostro Normanniæ..... a ducatu et partibus, et a locis seu parochiis ubi conversari solebant, recesserunt (2), quorum nonnulli ad hostes et inimicos nostros ac loca nobis inobedientia se traxerunt, alii vero

---

(1) *Rôles de Préq.*, n° 1365.

(2) Qu'on lise dans les *Rôles de Bréquigny* (*Mém. de la Soc. des Antiq. de Norm.*, t. XXIII) pour deux années seulement, 1418 et 1419, la longue et lamentable liste des *rebelles* et des *absents*, dont les biens sont confisqués. Sans doute les nobles sont en majorité, mais cela se conçoit facilement : on ne pouvait *rien* confisquer sur les artisans ou les paysans qui ne possédaient *rien*. Aussi ne trouve-t-on pas un seul nom de *rebelle*, suivi de la qualification : *artisan*, ou *paysan*. Mais, à côté des nobles (*armiger, chivaler*), on voit des *bourgeois* (n°s 91, 155, 178, 180, 202, 345, 485), des *marchands* (n°s 172, 187, 538, 606, 623), deux *avocats* (520, 546), un *clerc* (532). Je ne parle pas de ceux qui ne sont désignés que par l'épithète de *rebelles*, ce sont les plus nombreux ; je ne parle pas non plus des femmes, en très grand nombre, dont les biens sont confisqués, parce qu'elles sont *absentes*, c'est-à-dire *émigrées*. Bref, il y avait des *rebelles* dans tous les rangs de la société. — M. Léon Puiseux (*Émigr. norm.*) a relevé avec le plus grand soin dans les *Rôles normands et gascons* de Carte, dans les *Rôles normands* de M. Dufus-Hardy, dans les *Rôles normands* de la collection de Bréquigny, enfin dans le livre des *Dons de Henri V*, les noms des *émigrés normands*, expropriés comme *rebelles*, comme *absents* ou sans motifs spécifiés. Dans cette liste, je compte 32 bourgeois, 5 marchands, 8 avocats, 5 sergents, 8 chapelains, curés et clercs, 1 marinier. Nous avons laissé de côté ceux dont le nom n'est suivi d'aucun qualificatif. Les Normands expropriés dont les noms ne sont pas précédés de la particule *de* (c'est-à-dire bourgeois, marchands, etc.), sont au nombre de plus de 400.

ad cavernas, cavas, nemora et alia loca insidiosa se diverterunt, *effecti prædones et brigandi*..... » (1).

Jusqu'en 1429, c'est-à-dire jusqu'aux premiers succès de Jeanne d'Arc, la Normandie avait été comprimée, terrorisée par son cruel autant qu'habile vainqueur; mais à partir de cette date, on peut constater que le sentiment patriotique, — qui ne s'était jamais éteint, — se ralluma plus ardent et plus vigoureux. Partout les « gars » normands dressent des embûches aux soldats du roi des « godons » ou à ses émissaires.

Le 18 août 1429 (2), Pierre de La Roque, lieutenant du bailli de Cotentin, demande qu'on paye trente-cinq sols tournois à deux messagers qui ont *osé* venir de Saint-Lo à Valognes, « lesquels sont venus *ensemble* pour la doubte et dangier qui estoit sur le chemin, et pour ce que bonnement l'on n'eust peu trouver homme *seul* qui eust voulu entreprendre le voyage. »

On voit combien, après douze ans de conquête, les chemins étaient sûrs, en Basse-Normandie, pour les Anglais et leurs partisans !

Les Anglais se croyaient si peu les maîtres incontestés en basse Normandie (3), qu'en 1434 le grand conseil du roi Henri VI fait défense aux gens du plat pays d'entrer dans les villes fermées avec des armes ou même « avec de simples bâtons » (4) !...

Je suis heureux de me trouver, sur ce point si important, d'accord avec M. Siméon Luce, qui voit surtout dans les « brigands » des

(1) *Rôles de Bréq.*, n° 1001.
(2) Sim. Luce, *op. cit.*, t. I, p. 294.
(3) Pour être agréable à M. Le Héricher, qui craint, comme il me le dit dans une lettre, « que je ne m'échappe par la tangente », je ne parle que de la basse Normandie : mais il est évident que dans la haute Normandie on était également exaspéré contre les « oppresseurs. »
(4) Sim. Luce, *op. cit*, t. II, p. 34. — Mention d'une lettre contenant « que pour certaines nouvelles qu'on avait eues des ennemis qui estoient assemblés en entencion de prendre aucunes villes de Normandie, l'on fait crier hastivement ès villes dudit bailliage (de Caen) que aucunes personnes du plat pays portans armeures ou deffenses ne entrassent en aucunes villes avec leurs bastons ou armeures, mais les laissassent dehors les dites villes où bon leur sembleroit [25 janvier 1433.—*Bibl. Nat.*, fonds français, 26,057, n° 2226, *pièce inédite*].

« Normands rebelles » (1) et avec M. Puiseux, qui traduit le mot « *brigands* » par « *patriotes* » (2).

Brigandes aussi, ou plutôt *patriotes*, étaient les pauvres femmes, comme Thomasse Raoul (3), que les Anglais enfouirent « toute vive » pour avoir « conseillé et conforté les brigands et anemis du roy » ; et Jeanne la Hardie (4), également « enfouye toute vive », parce qu'elle était « conseillante et favorisante des brigans, ennemis et adversaires du roy nostre seigneur » !

Brigand, Allain Guignard, de la paroisse de Saint-André, en la vicomté de Verneuil, exécuté et pendu à Bayeux, au mois de janvier 1432, comme « brigant, larron et guetteur de bois et chemins » (5).

Brigand, le moine de La Luzerne (6), qui, en 1433, fut pris « en armes avecques plusieurs autres » par les gens de la garnison d'Avranches !

(1) Sim. Luce, *op. cit.*, t. I, p. 232, note 1.

(2) *Moniteur du Calvados*, 4 mai 1866. — *Emigr. norm.*, p. 26. « Le brigandage (dit M. Puiseux, p. 60), pour parler le langage des vainqueurs, apparaît en Normandie aux premiers jours de la conquête... Une commission de quatre notables par chaque ville, ou par groupe de quatre villages (*villenagia*) fut tenue d'adresser au conseil du roi une liste de toutes les personnes qui ne résidaient pas dans leurs foyers. Tout *absent* fut réputé « ennemi du roi et brigand » (Si quis eorum ad diem illum in domo sua non erit inventus, extra potentionem nostram ponatur et *tamquam brigans et inimicus noster teneatur et puniatur*) [*Rôles norm.*, p. 284, col. 2, 17 fév. 1418]. — Parmi ces *brigands* il y avait, nous l'avons déjà vu, des nobles aussi bien que des gens du peuple. Voir encore L. Puiseux, *op. cit.*, p. 61. « Quam plures *nobiles et alii populares*, nobis nuper jurati... nunc effecti *prædones et brigandi* (27 juin 1421) [*Bréq.*, n° 1001]. » Le *brigandage* s'était étendu non seulement à la Normandie, mais encore à tous les territoires occupés par les Anglais. En effet, l'ordonnance du roi d'Angleterre est adressée aux baillis de Rouen, de Caux, de Gisors, d'Évreux, d'Alençon, de Caen, du Cotentin, de Mantes, de Chaumont et de Senlis (Voir L. Puiseux, *op. cit.*, p. 60).

(3) Sim. Luce, *op. cit.*, t. I, p. 133 (Bayeux, 30 avril 1424).

(4) *Ibid.*, t. II, p. 66 (Falaise, 26 avril 1435).

(5) Document *inédit*, communiqué par M. P. de Farcy.

(6) Sim. Luce, t. II, p. 24 (La Luzerne, arrond. d'Avranches).

Brigands, Richard de Bouillonnay, escuier, de la vicomté d'Exmes, Jean le Riche, de la paroisse de Saint-Gervais (?) des Sablons, et Jehan Gillain, de la paroisse de Méry (Méré ?), exécutés à Falaise, au mois de mai 1437, comme « traistres, larrons, meurdriers et adversaires du roy, nostre seigneur » (1).

Brigand, Jehan Couppes (ou Louppes), « ennemy, traistre et adversaire du roy nostre syre », lequel, pris et amené à Domfront, le 21 mai 1438, fut « descapité et esquartelé par membres » le même jour (2) !

Brigand, Jehan Crespel, condamné « à avoir le coul couppé et le corps pendu au gibet de Vire » au mois de juillet 1439 ! — On nous permettra de donner ici cette pièce que nous croyons inédite (3) :

« Quittance par Robin de Condé (de Condé-sur-Noireau), en son nom et en celui du capitaine dudit lieu, au vicomte de Vire, de 6 livres tournois dus audit capitaine et à ses gens, pour leur peine et salaire d'avoir pris et amené aux prisons de Vire « ung brigand, larron, traistre, nommé Jean Crespel, de la parroesse de La Lande de Saint-Semyon, en la vicomté d'Argenthen, lequel a esté condempné par justice à avoir le coul couppé comme traistre et le corps pendu au gibet de Vire pour ses démérites et maulx faiz par luy, confessés en jugement, comme larron, murdrier, traistre, brigand et ennemy du roy » (1439, 24 juillet).

Brigand, le pauvre joueur de harpe, Philippe Le Cat, qui, au mois de juillet 1429, « out la teste coppée, pour avoir favorisé ou

---

(1) Document *inédit*, communiqué par M. P. de Farcy.

(2) *Bibliothèque Mancel*, à Caen. *Documents inédits sur la Normandie*, t. III, folio 163, nos 115 et 116 (pièce inédite, qui nous a été signalée par M. Raulin, président de la Société des Antiquaires). Ce pauvre Jean Louppes (ou Couppes) est qualifié « natif du pays d'Espaigne. » Les Espagnols avaient plus d'une fois combattu avec nous (Voir Juvénal des Ursins, *Hist. de Charles VII*, éd. de 1614, p. 474). — On voit que depuis longtemps déjà on avait l'habitude, à Domfront, de ne pas faire languir les condamnés à mort : « Arrivé à midi, pendu à une heure, pas seulement le temps de *daisner* (dîner). »

(3) *Archives du Calvados*, fonds Danquin. Document que nous devons à l'obligeante communication de M. A. Benet, archiviste.

estre coupable et ou consentant de la vendicion de la place de Chierebourg » (1).

Brigand, enfin, Jean Donnillet, pauvre tailleur d'habits, à Notre-Dame de Cenilly, en Cotentin, qui est mis « ès fers et jeté au fond d'une basse fosse, pour avoir dit, *en état d'ivresse*, qu'il aimoit mieulx le roy Charles de France que Henry d'Angleterre » (1431) (2).

In vino veritas! « Vive le roi de France! » Tel était le cri que poussaient les paysans, les artisans et les marchands, aussi bien que la plupart des nobles de la basse Normandie (3), que les *bienfaits* du roi d'Angleterre n'avaient pu séduire. *Oblitus officii, non oblitus odii* (4)!

Si M. Le Héricher persiste à ne voir que des filous et des assassins dans ceux qu'avec MM. L. Puiseux et S. Luce j'appelle des *patriotes*; s'il me dit : « Ces filous et ces assassins, sur lesquels vous vous apitoyez bien à tort, sont, par cela même qu'ils ont volé et assassiné, des ennemis du roi d'Angleterre, au nom duquel ils sont jugés, condamnés et exécutés ; s'il me dit qu' « ennemis du roy », c'est là l'épithète ordinaire qui s'ajoute à celles de « larrons et meurtriers », — je répondrai :

Cette formule « ennemy du roy » ne se trouve que dans les documents anglais. En veut-on la preuve? *Avant* et *après* l'occupation de la Normandie par les Anglais, les voleurs et les assassins, condamnés et pendus (et non décapités) « pour leurs démérites » ne sont jamais qualifiés « ennemis du roi. »

Trois exemples suffiront : Jehan d'Orliens, *pendu* à Mortain « pour ses démérites », au mois de juillet 1393 (5).

(1) Voir le très intéressant mémoire de M. Siméon Luce : *Philippe Le Cat. Un complot contre les Anglais à Cherbourg, à l'époque de la mission de Jeanne d'Arc.* (Mém. de l'Acad. des Sciences, Arts et Belles-Lettres de Caen, 1887-88, pages 96 et suiv.)

(2) Sim. Luce, *Chr. du M.-S.-M.*, t. I, p. 300.

(3) Et de la haute Normandie également ; mais nous ne nous occupons ici, *à dessein*, que de la basse Normandie.

(4) *Polydore Vergile*, loc. cit. Voir p. 8.

(5) (Pièce inédite). *Bibl. Mancel: Documents sur la Norm.*, t. III, fol. 119, n° 7. — « A tous ceux qui ces lettres verront ou orront, Jehan Louis, garde du scel des obligations de la vicomté de Mortaing, salut. Sachent tous

Philippot Guion, de Quieffosse, *pendu* à Coutances pour ses démérites, au mois de juillet 1415 (1).

Et Colin Torchie, *pendu* « pour ses démérites » au gibet de Vire, le 29 novembre 1491 (2).

que par devant Robert Aubouin, clerc tabellion du Roy nostre sire ou siege de Mortaing, fut présent maistre Jehan Miton, pendart d'Avranches, qui cognut et confessa avoir eu et receu de homme saige et preu Thomas de Juvigny, vicomte de Mortaing, la somme de soixante soulz tournois pour ses despends, paine et sallaire d'estre venu dudit lieu d'Avranches à Mortaing pour faire l'exécution et justice de Jehan d'Orliens, demourant si comme il disoit en la ville d'Evreux, tant pour ses gans, pour avoir crié le ban, que pour avoir fait et accomply l'exécution dudit condampné, lequel pour ses démérites fut condampné et jugié estre pandu par le lieutenant du bailly de Costentin. De laquelle somme ledit Miton se tint à bien payé et content et en quitta le Roy nostre sire, ledit vicomte et tous les autres. En afin de ce, ces lettres sont scellées dudit seel, sauf tout autre droit. Ce fut fait l'an de grâce, MCCCIIII^{xx} et XIII, le IIIIe jour de juillet. (Signé J. Louis, avec paraphe, et passé par Robert Aubouin. Un paraphe.)

(1) Document *inédit*, communiqué par M. P. de Farcy. Ce document mérite d'être cité en entier : — « Coutances, 1415. Jehan Olivier, lieutenant commis de n. h. Me Jehan, sire d'Ivry..., chambellan du Roy, nostre sire, son bailli de Costentin, au v^{te} de Coustances ou à son lieutenant, salut. Comme par nostre commandement et pour faire accomplir justice, Jourdain Fromont, sergent, soit allé de Coustances à Avranches pour querir et ramener aud. lieu de Coustances le maistre des haultes œuvres dudit lieu d'Avranches, lequel il a trouvé trespassé, et pour ce est allé de rechef à St-Sauveur-le-Vicomte querir Jehan Canu, maistre des dites œuvres audit St-Sauveur, et l'avoir amené audit lieu pour pendre Philippot Guion de Quieffossé, condampné pour ses démérites, lequel a vacqué es dits voyages, luy et son cheval, par cinq jours, par quoy luy avons taxé et fait prix à luy par 40 s. t. Le 28e jour de juillet. Signé Olivier.

(2) *Bibl. Mancel. Doc. sur la Norm.*, t. III, fol. 147, n° 80. « Ung nómé Colin Torchie, de la parroisse de la Ferrière au Doyen (fut) pendu au guybet de Vire pour ses demerites, par sentence de la justice dudit lieu » (1491, 29 novembre). — De même dans la haute Normandie « Colin Chagnart et Henriot le Huehier sont pendus pour leurs démérites » (*Ibid.*, fol. 138, n° 57). Ces « malfaiteurs vulgaires » ne sont pas qualifiés « ennemis du roi de France. » — Dans une lettre que M. S. Luce m'a fait l'honneur de m'écrire

Je crois avoir suffisamment montré que dans toute la Normandie, — dans la Basse comme dans la Haute, — les Anglais savaient bien qu'on n'aspirait qu'à une chose, à se débarrasser d'eux (1).

« Si l'on ne nous envoie pas promptement des secours, écrivait le bailli du Cotentin, Hue Spencer, à la date du 24 mai 1436 (2), le pays et marche du bas pays est en perdicion. »

« Le *brigandage*, traduisez la *révolte permanente*, était si bien, dit M. L. Puiseux (3), affaire de patriotisme plus que de rapine, qu'il ne put être extirpé pendant tout le temps que dura l'occupation étrangère ; mais, à peine la province eut-elle fait retour à la France, que le *brigandage* cessa comme par enchantement. » — « Des capitaines anglais, nous dit en effet l'évêque de Lisieux, Thomas Basin, rallié aux Anglais (4), discutaient à table sur les moyens de détruire cette peste du *brigandage*. Un prêtre (probablement Basin lui-même, d'après M. Puiseux), pressé de dire son avis, répondit qu'il n'y avait qu'un moyen, c'est que tous les Anglais sortissent de France ; qu'aussitôt les *brigands* disparaîtraient en même temps. Cela fut, en effet, complètement vérifié par la suite. Car dès que les Anglais, chassés de la Normandie, furent retournés dans leur pays, la province fut immédiatement délivrée du fléau des *brigands*. De ceux-ci, les uns s'enrôlèrent dans l'armée régulière ; les autres *retournèrent à leur charrue ou à leur métier*, pour faire vivre honnêtement leurs femmes et leurs enfants » (5).

(16 janvier 1889), je lis : « Les brigands, condamnés pour un délit et pour un crime de droit commun sont toujours *pendus*. Au contraire, les Normands, condamnés comme *rebelles*, sont toujours décapités. »

(1) « Le gouvernement anglais ne parvint jamais à pacifier complètement la Normandie, dont les populations n'attendaient qu'une occasion favorable pour secouer le joug des conquérants » (Léop. Delisle, *Hist. du château et des sires de St-Sauveur-le-Vicomte*, p. 255).

(2) Sim. Luce, *op. cit*, t. II, p. 86.

(3) L. Puiseux, *op. cit.*, p. 63.

(4) Thomas Basin fut, nous l'avons déjà dit, six ans professeur de droit canonique à l'Université de Caen, fondée par les Anglais. C'est en 1447, — toujours sous la domination anglaise, — qu'il fut élevé au siège épiscopal de Lisieux.

(5) Thomas Basin, *loc. cit.*

Polydore Vergile, — cet historien aux gages de l'Angleterre, — nous fera entendre clairement la même chose. En 1450, même après la défaite de Formigny, les Anglais étaient, nous dit-il, loin d'être à bout de ressources. Ce qui les perdit, c'est que « *la défection générale des populations, qui étaient malintentionnées, fut telle, qu'aucune force humaine n'aurait pu prévaloir là contre. Ce fut la véritable cause de la ruine si complète des affaires anglaises sur le continent.* » *Sane non usque eo Anglorum opes id temporis diminutæ erant quin bello gerendo satis essent, verum perpetuæ populorum qui in eam gentem male animati erant defectiones fecerunt, ut vis nulla valuerit* (1).

Polydore Vergile ajoutera « qu'il est absolument impossible qu'un Français aime un Anglais, et réciproquement. » *Fieri quodammodo non potest ut quispiam in terra Gallia natus multum diligat Anglum, vel e contrario.* N'est-ce pas nous dire que pendant tout le temps qu'ils occupèrent la Normandie, les Anglais trouvèrent partout des ennemis, ou, pour parler comme eux, des *rebelles*, des *brigands* ?

Donc, pour nous résumer, nous pouvons dire que depuis les premiers « miracles » de Jeanne d'Arc, la Basse-Normandie a été continuellement le théâtre des grandes insurrections populaires ou de petites insurrections locales, que les Anglais n'ont jamais pu, ni par la vaillance de leurs troupes, ni par la cruauté de leurs chefs, complètement réprimer (2).

(1) Polyd. Verg., p. 497.

(2) Il faut bien dire aussi que, si nombreux qu'ils fussent en France, les Anglais ne disposaient pas de forces assez considérables pour garder tous les châteaux et faire face à toutes les petites insurrections locales. « En réfléchissant à la faiblesse des forces organisées pour la répression, on s'étonne moins que les *brigands* aient pu être pendant si longtemps nombreux et redoutés... » Ch. de Beaurepaire, *De l'administration de la Normandie sous la domination anglaise, aux années 1424, 25, 29* (*Mém. de la Soc. des Antiq. de Norm.*, t. XXIV, p. 211). — L'auteur de l'*Inventaire de l'Histoire de Normandie*, Eustache d'Anneville, a montré le premier les heureux résultats de ces révoltes permanentes : « Toute la province bransloit, la Noblesse déclarée, les villes se deffiloient l'une après l'autre, les paysans mesmes voulurent avoir part à la gloire du recouvrement de leur liberté. Les communes de Caux, du Vexin, du Costentin, se mirent en armes, et leur effort eut au moins ce succez qu'en divertissant les forces anglaises, il

J'ai promis de ne pas sortir de la Basse-Normandie : j'ai tenu parole. Mais M. Le Héricher me permettra bien, je suppose, de faire allusion, en passant, à l'insurrection des *communes* du pays de Caux, dirigée par Le Charruyer (1) ou Le Carnier, qui marchait, dit-on, à la tête de plus de 20,000 hommes (2).

Il me permettra surtout de lui rappeler qu'un pauvre ouvrier terrassier, nommé Charles Desmarets (*homo plebeius et, ut aiebant, aggerum et fossarum faciendarum opifex*), devenu capitaine des gens d'armes qui tenaient Rambures, surprit Dieppe et s'en empara par escalade (3).

S'il est permis, au XV° siècle, à un *terrassier* du pays de Caux d'être un héros, est-il défendu, à la même époque, à un foulon des *Vaux-de-Vire* de composer des chansons patriotiques et de mourir pour son pays ?

Armand Gasté.

(*La suite au prochain fascicule.*)

donna moyen aux chefs françois de reprendre Dieppe, Harfleur, Fécamp, Longueville, beaucoup d'autres places, etc. » (Éd. de Rouen, 1646, p. 133).

(1) Thom. Basin, *op. cit.*, p. 113. — Cf. Martial d'Auvergne, éd. Coustelier, 1724, t. I, p. 146 :

> En ce temps les gens des communes
> Du pays de Caux se levèrent,
> Et par entreprises aucunes
> Avec les François s'allièrent.

(2) Jean Chartier, *op. cit.*, p. 173.

(3) Th. Basin, *op. cit.*, p. 111.— Voir aussi les *Chroniques de Normandie*, publiées par M. Hellot, pages 258-74. — On peut voir, dans Robert Blondel, *De reductione Normanniæ*, dans quelle situation d'esprit étaient les populations normandes à la fin de l'occupation anglaise. — Lire dans l'édition Stevenson (Londres, 1863) les pages 90, 94, 96, et surtout 99 « *Campestres* (il s'agit des paysans du Cotentin) ferrum induti ad hostium impulsionem undique affluentes, ducis Britonum (François, duc de Bretagne) exercitum augent, et dum spectatissimus princeps ab uno castro in aliud acies in ordine bellorum compositas cogit, ex ypepis magalibus et pagis omni parte vulgus surgit et in transitu itinerum hic panem, ille carnem, unus siceram, alter avenam, et pauperrimæ matronæ una pullam, hæc anserem, altera poma exercitui ministrat. Penes divitum lares præparata abunde milites alimenta reperiunt. » — Lire encore les pages 107, 167, 169 et 170, pages toutes vibrantes du patriotisme qui animait les paysans normands à la veille de la bataille de Formigny.

www.ingramcontent.com/pod-product-compliance
Lightning Source LLC
Chambersburg PA
CBHW060523050426
42451CB00009B/1132